JN082799

顧客管理実習

古川 直子 著

職業訓練法人H&A

◇ 発行にあたって

　当法人では、人材育成に係る教材開発を手掛けており、本書は愛知県刈谷市にあります ARMS 株式会社（ARMS 研修センター）の新入社員研修を進行する上で使用するテキストとして編集いたしました。

　ARMS 研修センターの新入社員研修の教育プログラムでは、営業コースをはじめ、オフィスビジネスコース、機械加工コース、プレス溶接加工コース、樹脂加工コースなど全 18 種類の豊富なコースを提供しております。また、昨今の新型コロナウイルス感染拡大を受け、Zoom※でのネット受講でも使用できるように、できる限りわかりやすくまとめましたが、対面授業で使用するテキストを想定しているため、内容に不備があることもございます。その点、ご理解をいただければと思います。

　本書では新入社員研修の内容をご理解いただき、日本の将来を背負う新入社員の教育に役立てていただければ幸いです。

　最後に、本書の刊行に際して、ご多忙にもかかわらずご協力をいただいたご執筆者の方々に心から御礼申し上げます。

2021 年 3 月
職業訓練法人　H&A

※Zoom は、パソコンやスマートフォンを使って、セミナーやミーティングをオンラインで開催するために開発されたアプリです。

本書で使用するデータ（Excel）は以下の URL、または右の QR コードよりダウンロードをお願いします。

https://www.sankeisha.com/h-a/3/

◇ 目次

第1章 顧客管理とは

1．顧客管理は何をするのか？

（1）「顧客管理」していますか？

　現在、様々な業界・業種において「わが社は徹底した顧客管理を行っている」や、「安定的な売上向上のための顧客管理を充実させている」といった言葉を耳にします。ビジネスを発展させるうえで非常に素晴らしい取組み姿勢といえます。

　しかし、盛んに言われている顧客管理とは、具体的にどのようなことを行っているのか？　顧客管理を行うことによって、企業にどの様な効果またはメリットがあったのか？など、明確かつ正確なデータによる説明ができるケースは非常に少ないといえます。何故なら、顧客管理という言葉に対して、その本質を知る人は少なく、ともすれば間違った方法で顧客管理を行っていることも少なくないからです。

　とはいえ、「顧客管理って何ですか？」と今更聞けない場合もあるでしょう。

　そこで、本書は顧客管理の"本質"について説明していきたいと思います。そのうえで、改めて顧客管理について必要な基本のデータ作成の解説をしていきます。

　顧客管理の本質を理解し、基本的な手法である顧客管理データ作成を学び、今後のビジネスに是非取り入れていってください。

　本書を手にした皆さんに、まず初めに考えていただきたいのは、顧客管理とは「顧客の何を管理するか」という点です。

　今、顧客管理とはどのようなことを指しますか？と尋ねると多くの方は PC やタブレット端

末などで「顧客管理」を検索されるのではないでしょうか?

　検索結果として、Web辞典などでは「顧客管理とは、顧客情報と、顧客ごとの売上高や購入頻度などの販売データなどを統一的に管理すること」と説明されています。

　すなわち、自社の顧客について、属性（業種、業態、職種など）や行動（時期、回数、口数など）に紐づいた取引上のデータを管理するということになります。

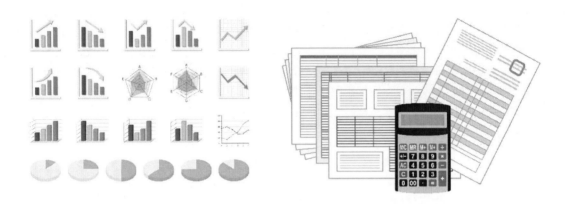

（2）データとしての顧客管理

　恐らく多くの企業や営業担当者は、こうした顧客情報を管理することが顧客管理であると認識しているのではないでしょうか。

　確かに顧客の属性や、行動に紐づいた取引上のデータなどを管理することは、顧客管理を行ううえでの初歩的な対応であり、売上向上のため営業戦略を考えるにあたりとても重要な要素になります。

　多くの企業が前述の取引上のデータを管理することを顧客管理として取り組んでいます。しかし、顧客管理に関しては、この方法が唯一の正解というわけではありません。顧客管理そのものの定義は、実に様々です。企業や営業マンが自らの売上向上という目標を達成するため、単に顧客情報を管理することを指す場合もあれば、今後のビジネス展開や派生など長きにわたって成長に貢献するような活動を指す場合もあります。これらの顧客管理の考え方は、いずれも間違っていません。企業や営業担当者ごとに売上向上という目標達成に向けて、それぞれが適切な顧客管理を定義すればよいといえます。

　しかし、ビジネスの世界に身を置いている以上、常に売上確保や向上を目指すには、顧客情報を画一的に取引実績のデータとして管理するのはもったいないというのも実情といえます。取引実績に基づく顧客情報を多面的な分析と営業戦略に落とし込み、活用することで、自社の商品やサービスの品質を改善させる取組み、顧客満足度のアップを図る新たな提案などが、顧客管理を行うことで実現することが可能だからです。

　本書では、顧客管理とは顧客情報を管理して、その情報から顧客の課題や心情を読み取り、企業や営業担当者が進むべき方向性や売上向上の戦略戦術を定め、商品・サービスの品質改善、

顧客満足度アップ、ひいては継続的な利益拡大に繋がるような取り組みを指しています。

（3）顧客管理とは、顧客との"関係"管理

　顧客管理として最近注目されていることとして、継続的な利益拡大に繋がる取り組みを行うためには、企業や営業担当者と顧客の関係を維持・向上することに焦点を当てた CRM（Customer Relationship Management）戦略という考え方があります。日本語では「顧客関係管理」とも呼ばれています。

　顧客関係管理とは、ビジネスにおいて企業や営業担当者が自らの顧客と良好な関係を築き、継続的に維持することを指し、それによって顧客満足度アップや利益拡大が果たされることが多くのマーケティング調査などで明らかになっています。例えば営業において、担当者の売上実績は顧客とコミュニケーションを取る時間に比例してアップするという行動心理学の「ザイオンス効果」の話は有名です。

　若手の営業社員に対して、上司や先輩が外回り営業を命じるのは「ザイオンス効果」に基づいて、顧客との接触回数を増やし時間を共有することで営業成績が上がることを経験しているといえます。筆者も会社に入社したての頃は、「机に座っていても売上は作れない。時間の許す限り外回りに行きなさい。」と、上司から指導を受けました。当時は、何故、重要な商談もないのに得意先へ頻繁に行かせるのか？と、疑問を持っていましたが、後年、顧客との関係性を維持することで顧客の満足度を高めることができると理解に至りました。

　この様に、顧客関係管理を行うことで売上向上に繋がるということを、特に意識していなかったのも当然といえば当然のことです。ビジネスを行っているのは機械ではなく人間同士であり、面と向かって話をする時間が多ければ多いほどより親密な関係を築くことができるからです。また、共通の話題や経験など、お互いの波長が合う事柄があれば、改めて顧客管理と畏まる必要もなくなるでしょう。

　しかし、昨今のビジネスシーンではリモートやメールといったデジタルの進化・発展により、必ずしも直接対面する必要がないケースも多くなっています。そんな環境下で、「ザイオンス効果」を理解して、接触頻度を上げ時間を費やして顧客関係維持をすることは、取引関係に少なからず私情が入り込みます。誰だって自分が気に入った人間とビジネスを交わしたいですし、日々気持ちよくビジネスがしたいと考えているはずだからです。

したがって、顧客関係管理を行って顧客と良好な関係を構築・維持できれば、ビジネスの拡大は難しくはないでしょう。

２．顧客管理を適切に行うメリットは何か？

　では、顧客管理の本質でもある CRM（Customer Relationship Management）戦略を適切に実践することは、企業にどのようなメリットをもたらすのでしょうか？

（１）顧客からのロイヤリティ（満足度）を高められる
　多くの企業や営業担当者は、新規取引に繋がりそうな見込み客に対する顧客関係管理（関係構築）を積極的に行っているといえます。何故なら、新規の見込み顧客に対して早い段階で良好な関係を構築し、継続的に維持できれば初回の小口取引から徐々に売上拡大に繋がることを過去の実績や経験則から理解しているからです。一方で、多くの企業や営業担当者は、長年にわたり継続的に取引関係にある顧客に対して、顧客関係維持を目的とした CRM 戦略には消極的な（というよりほとんど行っていてない）ケースが多いように見受けられます。企業や営業担当者が「売上拡大」「営業ノルマ達成」を目指す際、常に新規顧客開拓から契約を獲得することを目指すのは当然のことです。しかし、「売上拡大」や「営業ノルマ達成」をするために新規顧客開拓以外の方法はないか？　既存の顧客との取引において実現できないか？など、今までとは別の視点でも考えてみましょう。

　前述のとおり多くの企業や営業担当者は売上拡大のため新規見込み客の開拓から、顧客との良好な関係構築のために顧客の企業情報、競合他社との差別化、担当者同士の友好関係など様々な視点で情報を収集し、その情報を適切に管理、運用することで提案、契約の取得、売上拡大というステップを踏んでいきます。

　このような新規顧客の開拓は、企業成長と営業担当者の実績拡大には欠かすことのできない重要な戦略、戦術です。とはいえ、見込み客を見つけ出し、情報収集、ビジネスの提案から契約の取得というステップを踏むためには、膨大な時間と経費を必要とします。

　例えば、多くの企業では、新規見込み客を獲得するために企業展示会やマッチング商談会に出展したり、HP や SNS の DM 機能を活用したりすることで多くの見込み客確保をしています。しかしながらこれらの施策で得られる新規顧客とのビジネスチャンスは、莫大な経費を必要とする割には成約まで繋がるケースが少なく、費用対効果という点では大きな成果を得にくいともいわれています。
　展示会出展や HP の開発などに費用を投じても、一定期間内に確実に投じた費用を回収したうえで、より多くの収益を生み出すとは言い難いのです。また、経費だけでなく付帯する人件費などを換算すると相応の収益性が必要となってきます。

　一方で、売上拡大や営業ノルマの達成に向けて、既存顧客に対して取引高（数量）や取引額（売上）を向上させるという手法を取ることも可能です。この場合、既存の顧客に対しては通常の営業にかかる管理コスト（販売管理費）を一定に維持しつつ、売上を拡大させることが可能になります。
　つまり、より効果的かつ継続的に売上の拡大や営業ノルマを達成するには、新規顧客開拓よりも既存顧客の自社に対するロイヤリティ(ブランドや企業、営業担当者に対する愛着心)を高めることで、売上拡大の実現がしやすくなるのです。

　そのためには、顧客との関係を維持する CRM 戦略が必要不可欠となります。これこそが、顧客管理の本質であり、それを理解し着実に実践することで、継続的な売上拡大や営業ノルマの達成が可能になります。

（2）顧客の LTV を向上させる顧客管理
　LTV（Life Time Value）とは、「顧客生涯価値」のことであり、顧客との良好な関係性から発生する純利益の予測のことです。価値の計算方法としては、顧客に対する取引高の算出方法に類似していますが、1 回 1 回の取引高を算出、予測するのではなく、あくまで顧客との取引期間内（もしくは、将来にわたって）の取引高の合計値を指します。

　LTV を向上させることで短期的な売上拡大に繋がることは勿論、長期的にも売上の見込みを立てることができるため、企業や営業担当者の業績予測にも大きく寄与します。それゆえに重要な要素となるのが、良好な顧客関係維持を目的とした管理手法である CRM 戦略なのです。

　では、LTV を上げるには何をすればよいのでしょうか？　勿論、顧客との良好な関係性を維持する CRM 戦略を行うことは前提条件となります。そのうえで、既存顧客からの自社に対するロイヤリティを上げるため行うことが、顧客管理になります。

　本書の冒頭でも述べましたが、顧客管理とは、顧客情報を管理して、その情報から顧客の課題や心情を読み取り、企業や営業担当者が進むべき方向性や売上向上の戦略戦術を定め、商品・

サービスの品質改善、顧客満足度アップ、ひいては継続的な利益拡大に繋がるような取り組みを指しています。

　つまり、顧客管理を実践することで顧客の持つ課題、顧客が実現したい成果などを理解することで、多角的かつ複合的に提案を行い、さらに契約を得ることで売上の向上に結び付けるのです。

（3）顧客管理の充実こそ企業ブランディングの第一歩

　顧客管理をすると意外なメリットとして捉えられるのが、自社および自社の社員に対する既存顧客からの評価が著しく向上する点です。そして、この既存顧客からの評価が向上することにより、顧客満足度の高い企業として企業ブランディングがなされることになります。

　例えば、あなたの会社の既存の顧客から「新たなシステム導入」について競合他社とのコンペティションに応札の依頼がありました。顧客の社内にはシステム専任の部門がなく技術的にも対応できないことから、A 社と B 社（あなたの会社）のいずれかを選定することとなりました。コンペティションで優れたプレゼンテーションを行った両社ともに技術面、コストに関しては甲乙をつけがたい状況です。

　本書を手にした皆さんは、どちらの企業に「新たなシステム導入」を依頼するでしょうか？

　A 社：実績が豊富で技術も確かだが、他社からの評価はいたって普通。
　B 社：実績では A 社にやや劣るが、取引実績のある他社から顧客満足度が高いと評価あり。

　恐らくほとんどの方が後者を選ぶのではないでしょうか？

　何故なら、B 社が顧客管理を徹底し、CRM 戦略に則って顧客の課題や心情を読み取り、企業や営業マンが進むべき方向性や、商品・サービスの品質改善、顧客満足度アップの取り組みをした結果、企業のバリューを高めているとブランディングされたからです。

　つまり、顧客管理を行うことで間接的に企業ブランディングを行うことが可能なのです。

　顧客管理を徹底するには、必要な環境が整備されていることが必須条件になります。特に、取引先の情報である属性（業種、業態、職種など）や、行動（時期、回数、口数など）に紐づいた取引上のデータを整理し管理することが、CRM 戦略や LTV 工場には不可欠です。

　本書では、これら顧客管理における必須条件であるデータの整理、管理にエクセルを使い効果的に行う方法を説明していきます。

第2章 データベースとは

　データベースとは、「大量のデータ」を「蓄積」して「利用」するための仕組みです。
　蓄積したデータは必要なものを取り出して表示したり、印刷したりできます、また、集計したり、データの追加や削除、変更したりするなどの編集作業も行うことができます。
　このようなデータベース機能を専門的に扱うソフトウェアとして、Microsoft 社からは Access というデータベースソフトが販売されています。しかし、Excel でも簡易なデータベースであれば作成することができます。

1．データベース機能を利用する表

　Excel データベースとは、Excel シート上に構築された表形式のデータベースです。データベース機能を利用するためには、この表をどのように作成するかが重要です。データベースとして管理するためには、管理する「情報」を管理できる形式の表として作成する必要があります。
　例えば、「社員名簿」をデータベースとして管理したいとします。
　情報を入力する際には、先頭行に項目名を並べ、1 行が 1 件のデータとして入力します。
　このような構成の表の列のことをフィールドといい、項目名のことをフィールド名といいます。そして、1 行 1 件分のデータのことをレコードといいます。

① フィールド名	列見出し。データの項目名
② フィールド	列。項目ごとのデータ
③ レコード	行。一件分のデータ

2．データの整形

　データベース機能を利用するための表づくりには、いくつかのルールがあります。ルールに反してしまうと、整合性のとれた表が作成でないので注意が必要です。
- ・　フィールド名はレコードとは異なる書式を付ける
- ・　リスト中に空白行を入れない
- ・　リスト中に空白列を入れない
- ・　表記ゆれをなくす
- ・　全角文字・半角文字を統一する
- ・　大文字・小文字を統一する
- ・　セル内に余分な空白は入れない

　しかし、最初から自分が表を作成するのではなく、既存の表を利用したりサーバー上からダウンロードしたりといった場合には、上記のルールが守られていない場合もあります。
　そのような場合には、リストとして利用できるようにデータを整える必要があります。
　ここでは、リストとしてデータを整形する方法をいくつか確認していきましょう。

（1）空白行の削除
　リスト内には、空白行があってはいけません。ここでは、空白行があるかどうかを確認して、空白行がある場合には削除する方法を確認してみましょう。

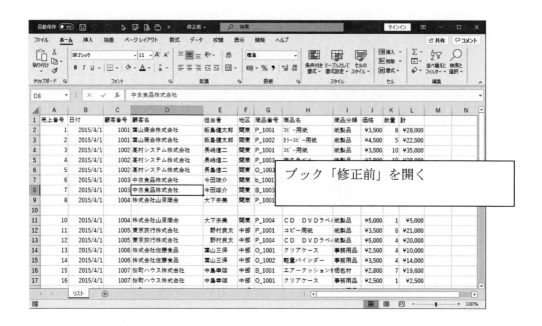

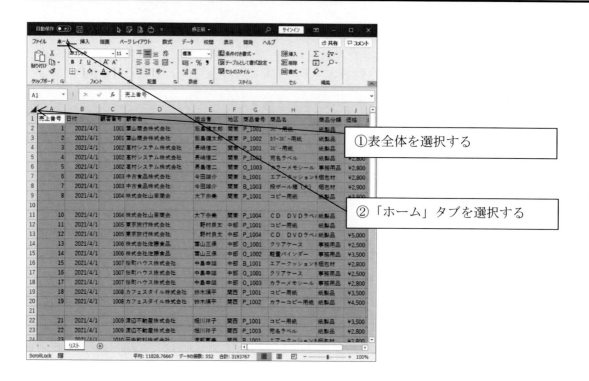

①表全体を選択する

②「ホーム」タブを選択する

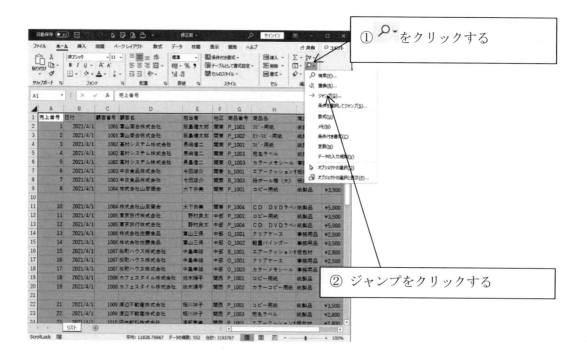

① 🔍 をクリックする

② ジャンプをクリックする

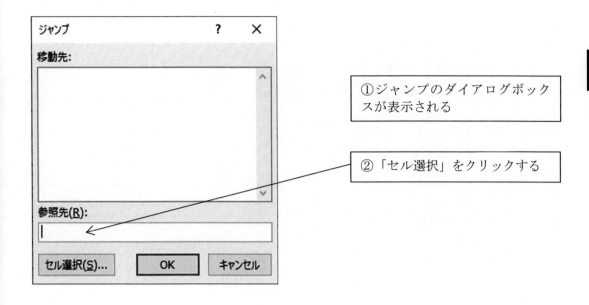

①ジャンプのダイアログボックスが表示される

②「セル選択」をクリックする

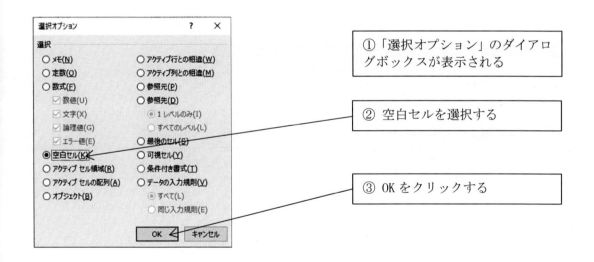

①「選択オプション」のダイアログボックスが表示される

② 空白セルを選択する

③ OK をクリックする

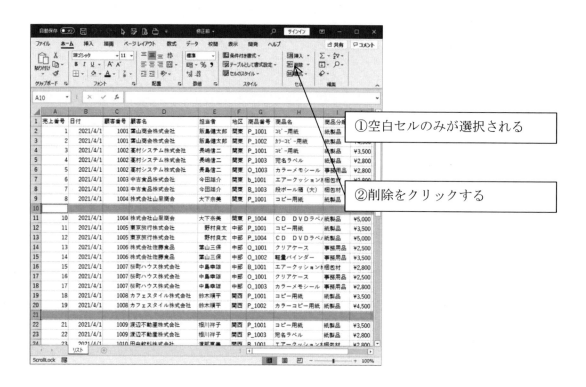

①空白セルのみが選択される

②削除をクリックする

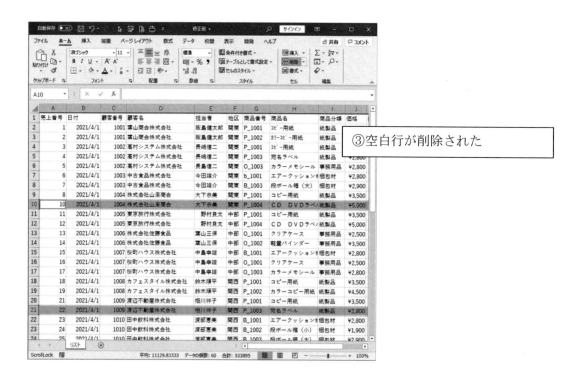

③空白行が削除された

14

（2） 表記ゆれの統一

　同一人物であるのに「旧字体と新字体が混在している」など表記ゆれがあると、別の人物として認識されてしまいます。表記ゆれを確認し、統一した表記に修正しましょう。

　表記ゆれの確認

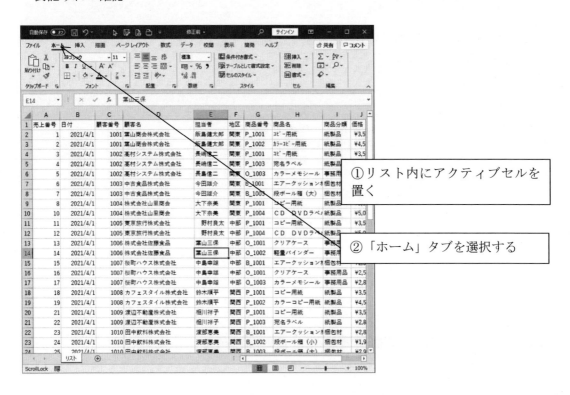

①リスト内にアクティブセルを置く

②「ホーム」タブを選択する

①「A→Z」をクリックする

②「フィルター」をクリックする

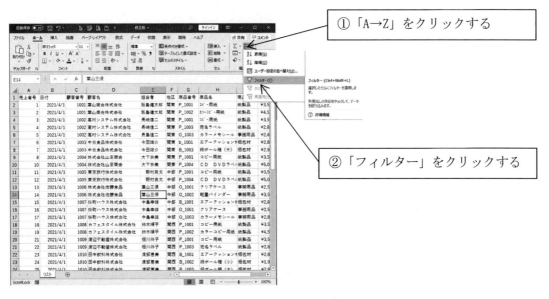

各フィールド名の右端に▽が表示される

① 担当者の▽をクリックする

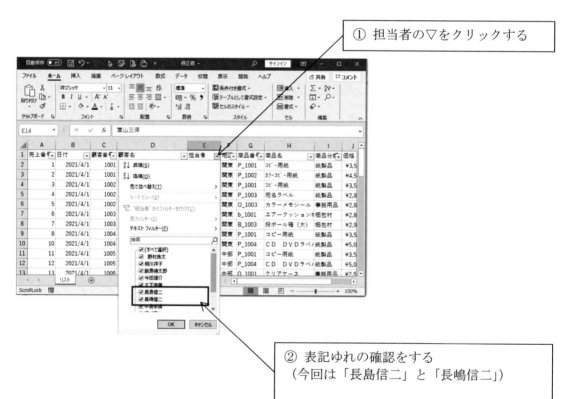

② 表記ゆれの確認をする
（今回は「長島信二」と「長嶋信二」）

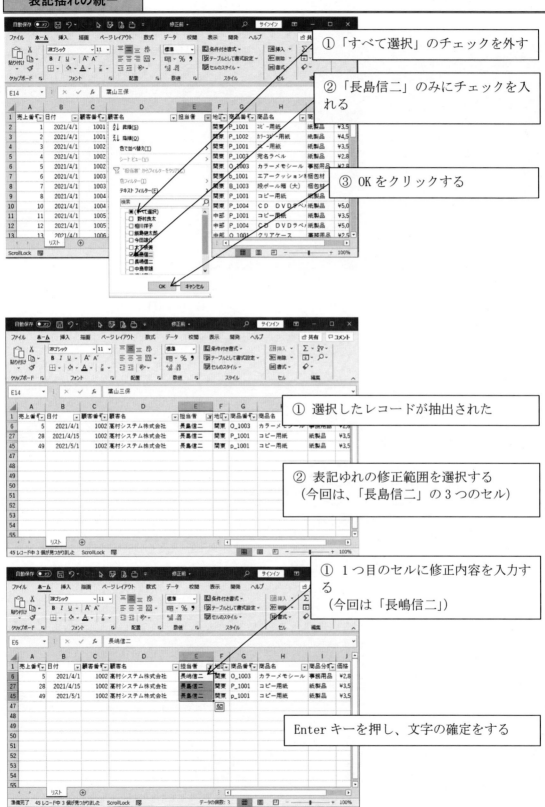

表記揺れの統一

① 「すべて選択」のチェックを外す

② 「長島信二」のみにチェックを入れる

③ OK をクリックする

① 選択したレコードが抽出された

② 表記ゆれの修正範囲を選択する
（今回は、「長島信二」の3つのセル）

① 1つ目のセルに修正内容を入力する
（今回は「長嶋信二」）

Enter キーを押し、文字の確定をする

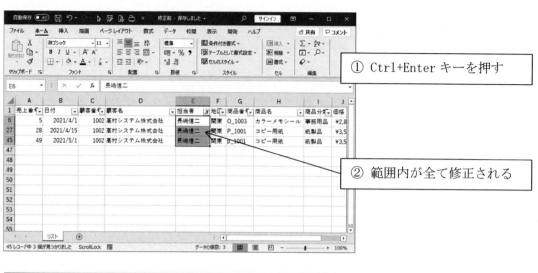

① Ctrl+Enter キーを押す

② 範囲内が全て修正される

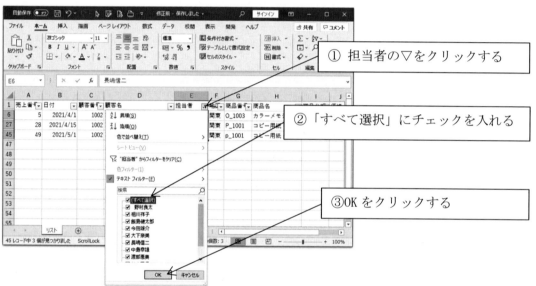

① 担当者の▽をクリックする

② 「すべて選択」にチェックを入れる

③OK をクリックする

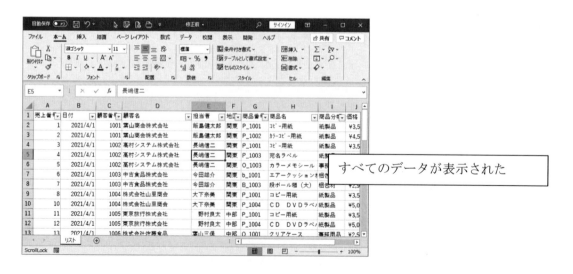

すべてのデータが表示された

（3）関数の利用

　商品名に全角文字・半角文字が混在していることを確認し、JIS 関数を利用して全角文字で統一しましょう。

> **JIS 関数**
> **＝JIS（文字列）**

作業用の列を準備

① 列番号「I」でクリックする

②ショートカットメニューが表示される

③ 「挿入」をクリックする

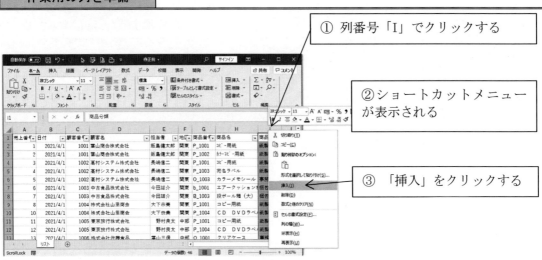

列が挿入された

関数の挿入

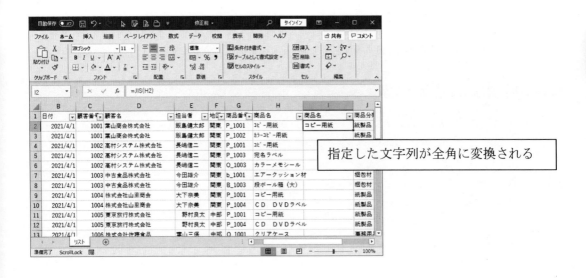

指定した文字列が全角に変換される

数式を下方向にコピーする

（4）不要な列の削除

　I列に商品名が全角文字で統一されました。しかし、I列はH列の値を基にした数式です。
I列を数式ではなく、計算結果の値に置き換え、不要なH列を削除しましょう。

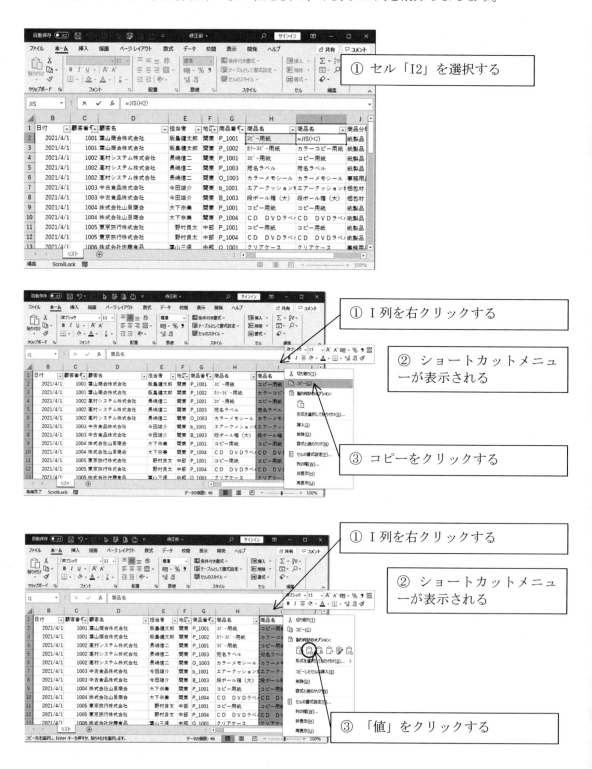

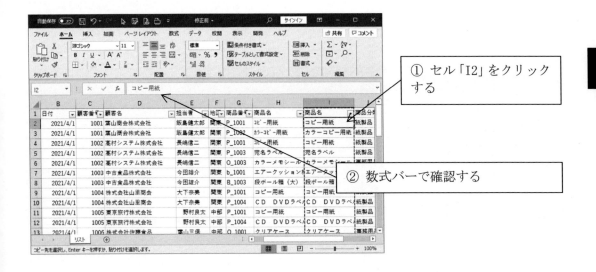

① セル「I2」をクリックする

② 数式バーで確認する

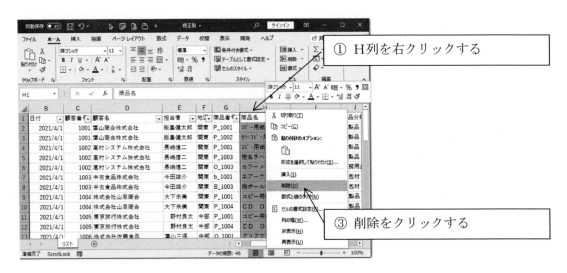

① H列を右クリックする

③ 削除をクリックする

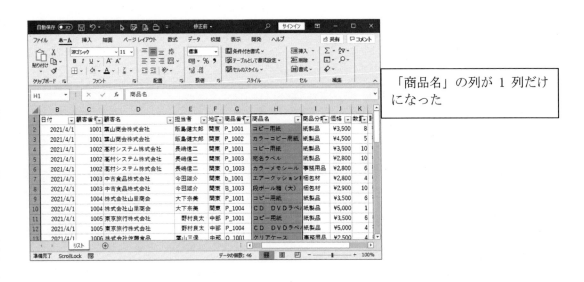

「商品名」の列が 1 列だけになった

OnePoint

表示を統一する色々な関数

関数名	書式	概要
ASC	=ASC(文字列)	全角文字を半角文字に変換する
LOWER	=LOWER(文字列)	アルファベットの大文字を小文字に変換する
UPPER	=UPPER(文字列)	アルファベットの子文字を大文字にする
PROPER	=PROPER(文字列)	英単語の最初の 1 文字だけ大文字にし、後は文字にする
TRIM	=TRIM(文字列)	セル内の余分なスペースを削除する

TRY!

次の問題をやってみましょう。

① 商品番号（G 列）のアルファベットを大文字で統一しましょう。

② 担当者（E 列）の余分なスペースを削除しましょう。

③ 次の操作のためにブックを閉じましょう。

第3章 テーブルの利用

1. テーブルとは

　リスト形式の表は、通常のセル範囲ですが、これを「テーブル」という形式に変換すると、ワークシート内の他の範囲から独立してデータを管理することができます。テーブルは、データの並べ替えや抽出、集計などが簡単に実行できます。また、あらかじめ用意されているテーブルスタイルが適用でき、表全体の見栄えを簡単に整えることができます。

テーブル形式に変換

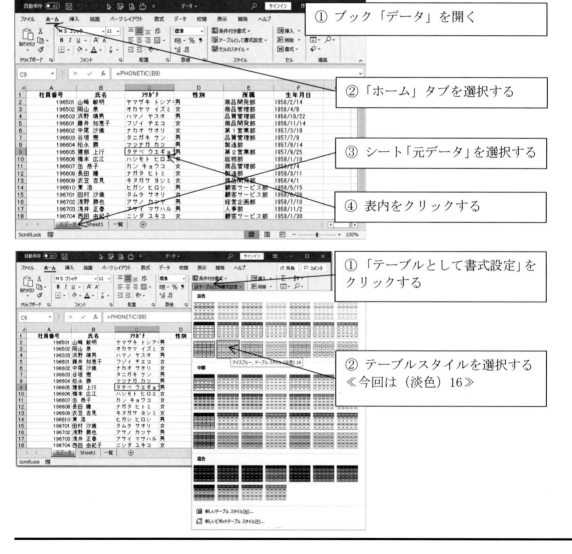

①　ブック「データ」を開く

②　「ホーム」タブを選択する

③　シート「元データ」を選択する

④　表内をクリックする

①　「テーブルとして書式設定」を
　　クリックする

②　テーブルスタイルを選択する
　　≪今回は（淡色）16≫

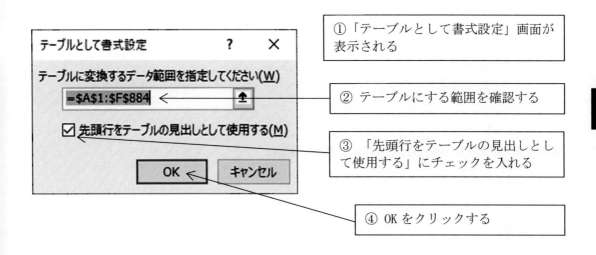

① 「テーブルとして書式設定」画面が表示される

② テーブルにする範囲を確認する

③ 「先頭行をテーブルの見出しとして使用する」にチェックを入れる

④ OK をクリックする

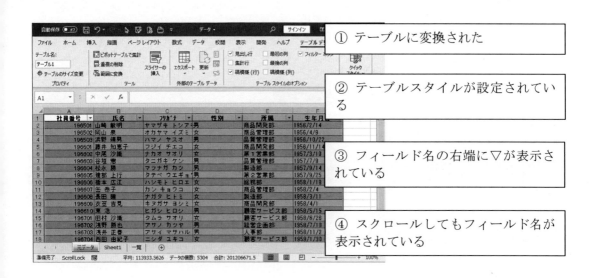

① テーブルに変換された

② テーブルスタイルが設定されている

③ フィールド名の右端に▽が表示されている

④ スクロールしてもフィールド名が表示されている

２．テーブルの利用

（1）データの追加

テーブルの最下行にデータを入力すると、自動的にテーブルの範囲が拡張されます。
数式が入力されている列のセルには数式が入力されます。

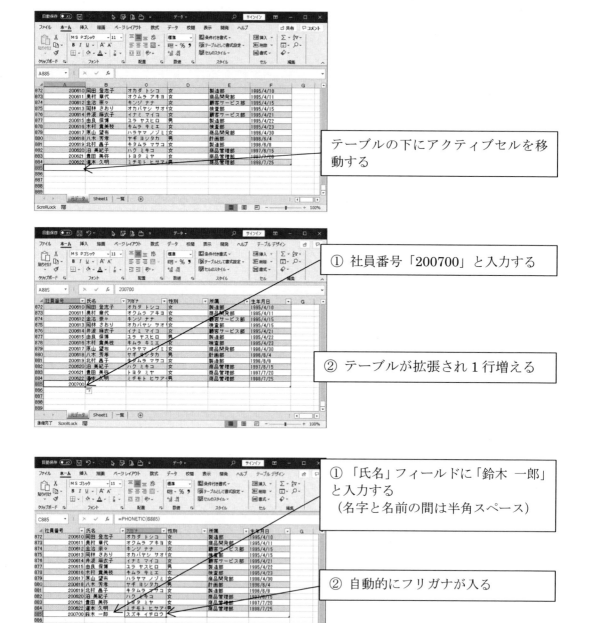

続けて、「性別」男、「所属」人事部、「生年月日」2000/3/1 と入力してみましょう。

（2）フィールドの追加

テーブルの最右列にデータを入力すると、自動でテーブルの範囲が拡張されます。

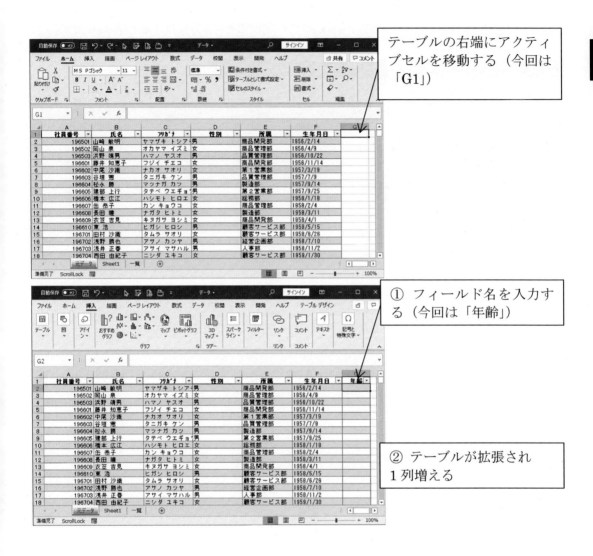

テーブルの右端にアクティブセルを移動する（今回は「G1」）

① フィールド名を入力する（今回は「年齢」）

② テーブルが拡張され
1列増える

OnePoint

テーブルの自動拡張

テーブルの自動拡張機能は「オートコレクトのオプションの設定」によって実行されています。拡張したくないときは（ 📷 オートコレクトのオプション）→「自動的にテーブルを拡張しない」を選択します。

OnePoint

フィールド名がないリストからのテーブル作成

データのみで構成されているリストからテーブルを作成する方法は下記のとおりです。

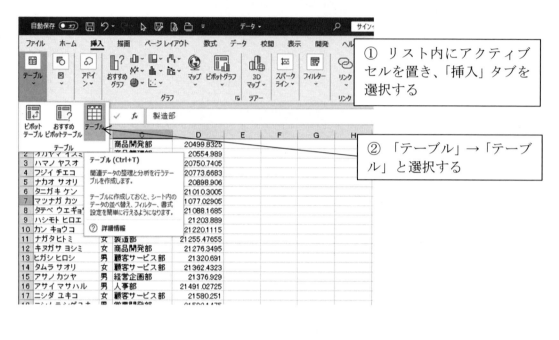

① リスト内にアクティブセルを置き、「挿入」タブを選択する

② 「テーブル」→「テーブル」と選択する

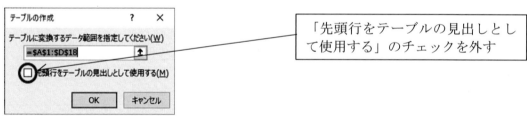

「先頭行をテーブルの見出しとして使用する」のチェックを外す

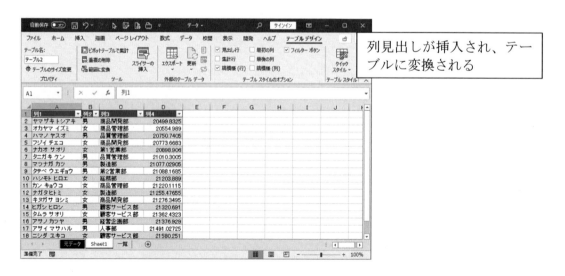

列見出しが挿入され、テーブルに変換される

（3）テーブル名の設定

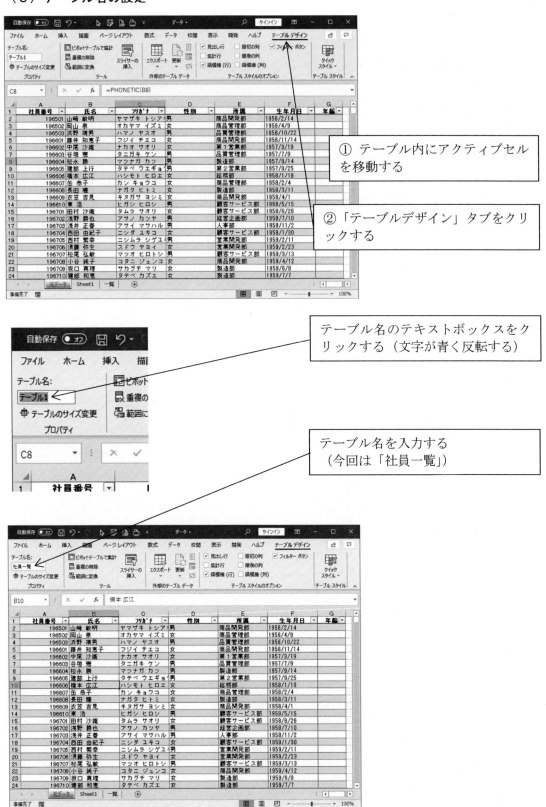

① テーブル内にアクティブセルを移動する

② 「テーブルデザイン」タブをクリックする

テーブル名のテキストボックスをクリックする（文字が青く反転する）

テーブル名を入力する
（今回は「社員一覧」）

３．構造化参照

　テーブル内の数式は構造化参照という形式を使うことができます。構造化参照とは、「A1」などのセル参照を使用する代わりに、テーブル名や列名などで参照することをいいます。

（１）特殊項目指定子
　特殊項目指定子とは構造化参照において、見出し行や集計行などを参照するものです。特殊項目指定子には下の表のものがあります。なお、指定子は角カッコで囲みます。

項目指定子	参照先
#すべて	テーブル全体[見出し、集計すべて含む]
#データ	データ部分のみ[見出し、集計以外]
#見出し	見出し部分のみ
#集計	集計部分のみ
@	数式と同じ行のセルのみ

＜例＞

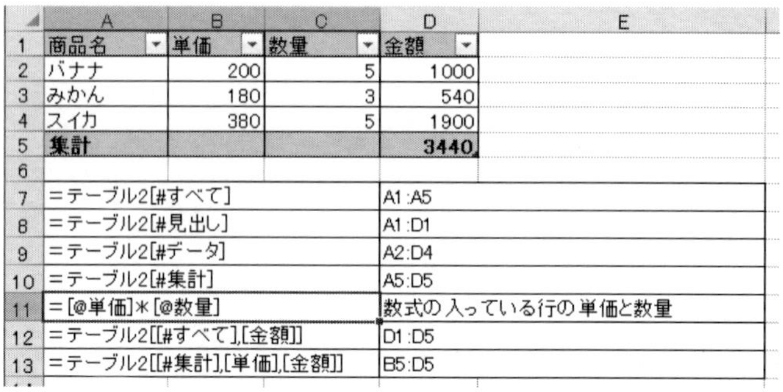

	A	B	C	D	E
1	商品名	単価	数量	金額	
2	バナナ	200	5	1000	
3	みかん	180	3	540	
4	スイカ	380	5	1900	
5	集計			3440	
6					
7	＝テーブル2[#すべて]			A1:A5	
8	＝テーブル2[#見出し]			A1:D1	
9	＝テーブル2[#データ]			A2:D4	
10	＝テーブル2[#集計]			A5:D5	
11	＝[@単価]*[@数量]			数式の入っている行の単価と数量	
12	＝テーブル2[[#すべて],[金額]]			D1:D5	
13	＝テーブル2[[#集計],[単価],[金額]]			B5:D5	

　上の図ではテーブル名+項目指定子と表示されていますが、テーブル名が付かないこともあります。

　これは、数式が入力されるセルの位置によります。テーブル名が付くのは、テーブルの外側に参照する側のセルがある時です。

	C	D	E	F	G	H	I
	フリガナ	性別	所属	生年月日	年齢		
	ヤマザキ トシア	男	商品開発部	1956/2/14			
	オカヤマ イズミ	女	商品管理部	1956/4/9			
	ハマノ ヤスオ	男	品質管理部	1956/10/22			
	フジイ チエコ	女	商品開発部	1956/11/14			884
	ナカオ サオリ	女	第１営業部	1957/3/19			

テーブルの内側　　　テーブルの外側

（2）関数の利用

　構造化参照を確認するために、テーブル内で関数を利用してみましょう。

　DATEIF 関数を利用して、G 列に年齢を算出してみます。

　この関数は、ある日からある日までの期間を算出する関数です。しかし、[関数の挿入]ダイアログボックスには表示されないので、キーボードから手入力する必要があります。

　また、手入力の際の、関数名がリスト表示される機能も利用できません。

> **DATEDIF 関数**
> 　　=DATEDIF　（開始日,終了日,表示単位）

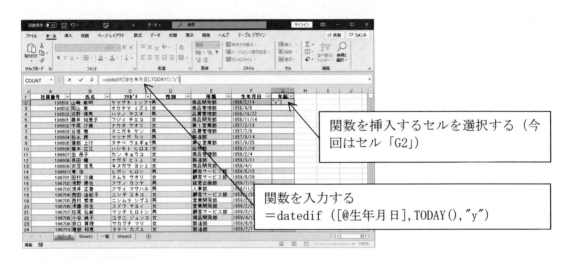

関数を挿入するセルを選択する（今回はセル「G2」）

関数を入力する
＝datedif（[@生年月日],TODAY(),"y"）

Enter キーを押し、確定をする

②　テーブル内のＧ列全てに答えが入った

OnePoint

「@」の意味

　フィールド名についている「@（アットマーク）」は、「数式が入っている行と参照している行が同じ」という意味です。参照元と参照先のセルが同じ行にある時に付くということです。異なる行から参照すると、ただのセル番地が返されます。

　@付き[フィールド名]の参照範囲は1セルだけです。しかし、このフィールド名から@を外すと、該当フィールドの見出し以外、全てのセルが参照範囲になります。

　DATEDIF 関数の表示単位指定

　DATEDIF 関数では、引数の中で産出した期間を表示する単位を設定することができます。

年数で表示させたい場合	Year の "Y"
月数で表示させたい場合	Month の "M"
日数で表示させたい場合	Date の "D"

第4章 フィルター

1. オートフィルター

フィルターとは、抽出機能のことです。条件に合ったデータを取り出します。

オートフィルターとは、この抽出を、簡単に実施することができる機能です。Excel のデータベース機能の基本ともいえるオートフィルターの使い方を確認してみましょう。

（1）オートフィルターの設定

セル範囲をテーブルに変換すると自動的にオートフィルターモードになり、フィールド名に▼が表示されます。しかし、テーブルに変換しなくてもオートフィルターモードにすることはできますし、テーブルに変換してもオートフィルターモードを解除することもできます。

オートフィルターの設定と解除

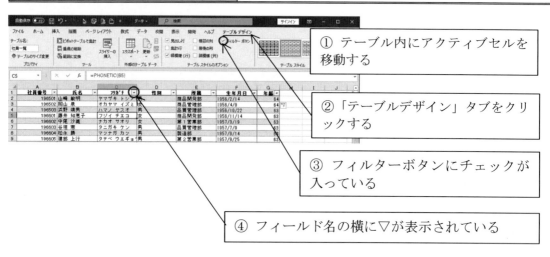

① テーブル内にアクティブセルを移動する

② 「テーブルデザイン」タブをクリックする

③ フィルターボタンにチェックが入っている

④ フィールド名の横に▽が表示されている

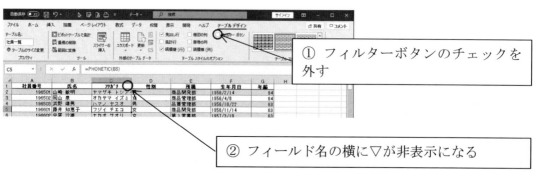

① フィルターボタンのチェックを外す

② フィールド名の横に▽が非表示になる

OnePoint

その他のオートフィルターモードの切り替え法

　テーブルツールデザインタブは、リストがテーブルに変換されていないと表示されません。
通常、オートフィルターモードにしたい場合には、「ホーム」タブまたは「データ」タブから
設定が可能です。

【ホームタブから】

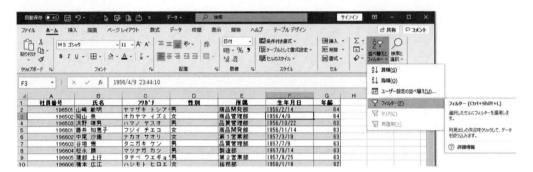

【データタブから】

（2）オートフィルターの利用

文字のフィルター

「工場管理部」に所属している人だけを表示してみましょう。

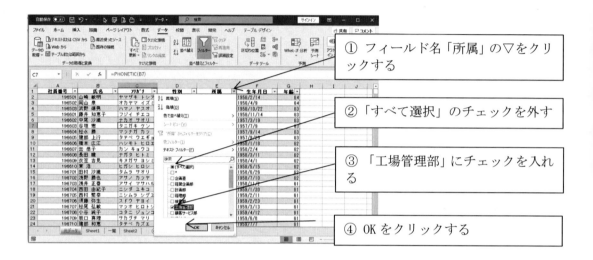

① フィールド名「所属」の▽をクリックする

② 「すべて選択」のチェックを外す

③ 「工場管理部」にチェックを入れる

④ OK をクリックする

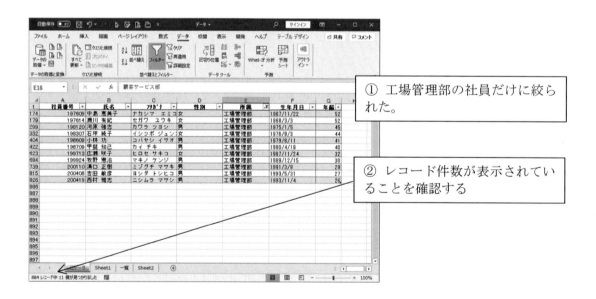

① 工場管理部の社員だけに絞られた。

② レコード件数が表示されていることを確認する

数値のフィルター

「工場管理部」に所属しており、かつ 30 歳未満の社員、とさらに絞り込んでみましょう。

① フィールド名「年齢」の▽をクリックする

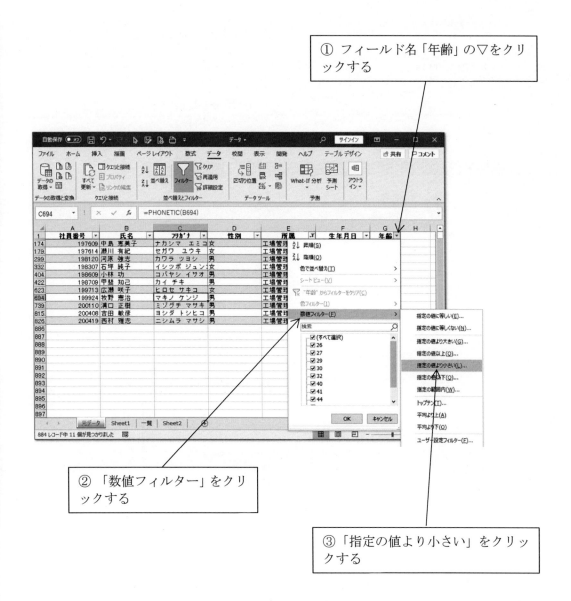

② 「数値フィルター」をクリックする

③「指定の値より小さい」をクリックする

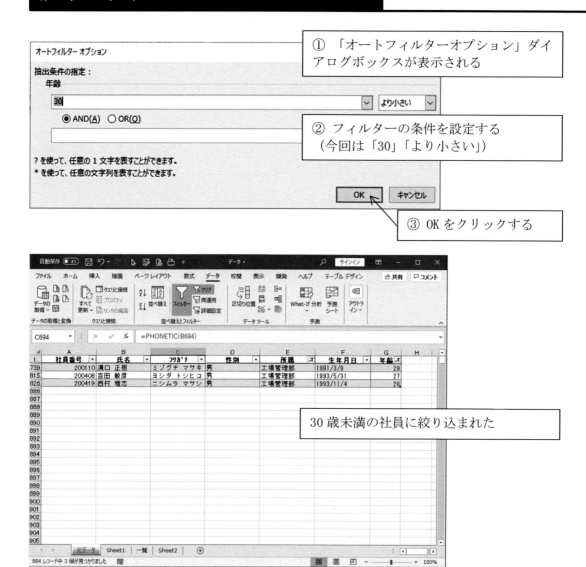

① 「オートフィルターオプション」ダイアログボックスが表示される

② フィルターの条件を設定する（今回は「30」「より小さい」）

③ OK をクリックする

30 歳未満の社員に絞り込まれた

OnePoint

数式と抽出

　G 列には DATEDIF 関数の結果が表示されています。この結果は、TODAY を利用しているためファイルを開くたびに更新されます。計算結果が変われば、フィルターの結果も変わります。

　この点が、単なる入力データとは異なる点です。計算式になっているデータであれば計算結果も、それを基にしたフィルター結果も最新状態を保つことができるのです。

全ての検索条件をクリア

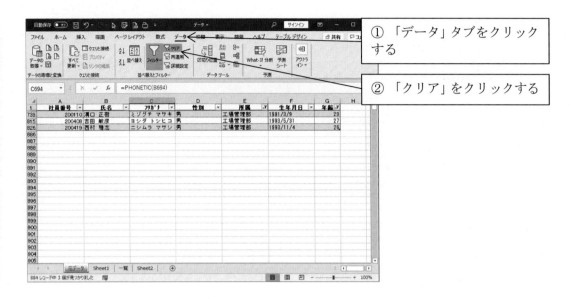

① 「データ」タブをクリックする

② 「クリア」をクリックする

全てのレコードが表示されている時は行番号の数字表記が黒色、何らかの絞り込みが行われている時は行番号が青色文字で表示されます。

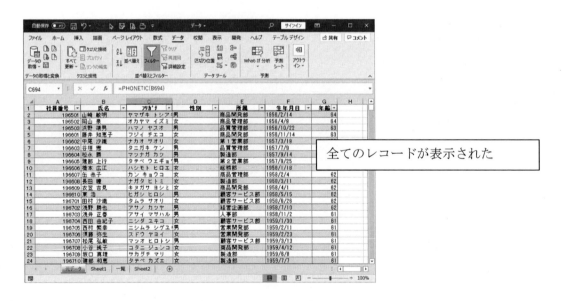

全てのレコードが表示された

4

フィルター

列ごとのフィルター

　二重、三重にフィルターをかけることも可能です。また、列ごとのフィルターは各列で「すべて選択」にチェックを入れると解除できます。

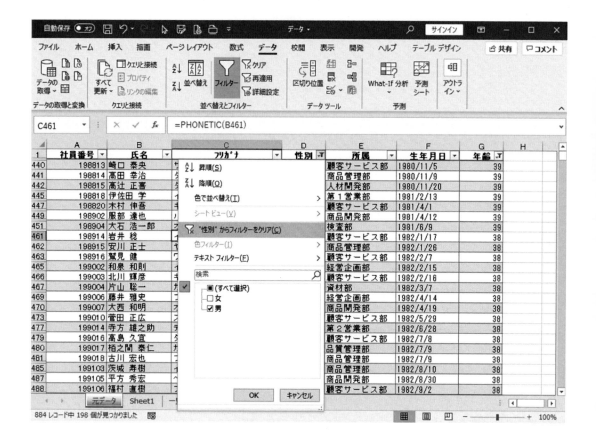

（３）ワイルドカード

　ワイルドカードを使うと、曖昧な条件での抽出が可能になります。抽出をする際に一部の文字列のみ一致するデータを取り出したい場合があります。例えば、「所属名」に「営業部」がつくものだけピックアップしたいというような場合です。

　ワイルドカードには、アスタリスク「*」クエスチョンマーク「?」チルダ「~」の３種類があります。

　それぞれ、使用方法や目的が違い、使い分けることで便利さが増します。

*アスタリスク

　ワイルドカードのアスタリスク「*」は。どんな文字でも何文字でもよいという指定になります。

　所属フィールドに対して、アスタリスクを使った抽出条件「*営業部」で抽出してみましょう。

　この場合は、「営業部」という文字が最後についているデータを抽出します。

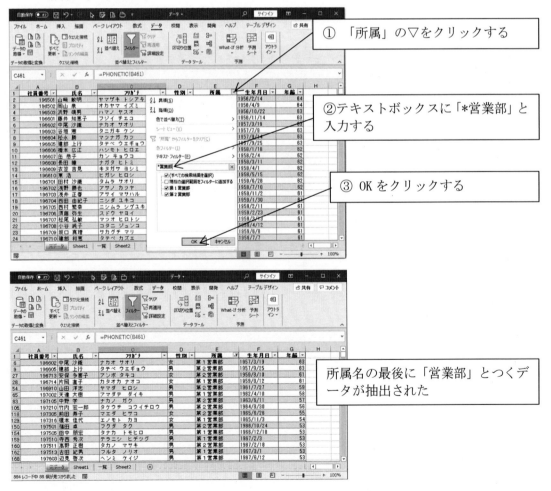

①　「所属」の▽をクリックする

②テキストボックスに「*営業部」と入力する

③　OK をクリックする

所属名の最後に「営業部」とつくデータが抽出された

　では、「第1営業部」「第2営業部」の他に「営業開発部」のデータも抽出する場合には、どのようにすればよいでしょうか。この場合、抽出条件は「*営業*」になります。「営業」という文字を含んでいるデータを抽出します。

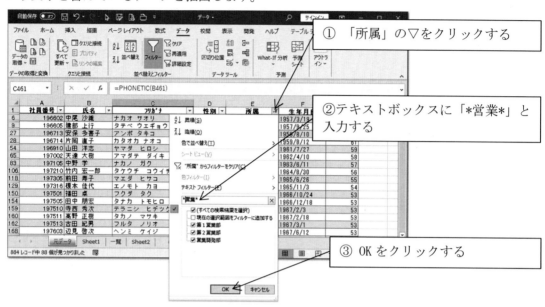

① 「所属」の▽をクリックする

②テキストボックスに「*営業*」と入力する

③ OK をクリックする

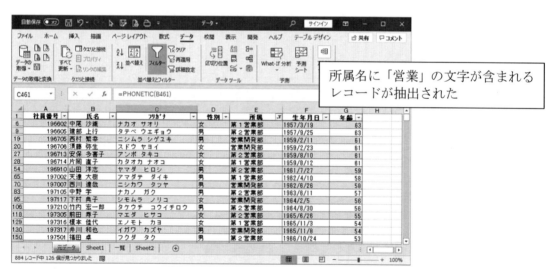

所属名に「営業」の文字が含まれるレコードが抽出された

クエスチョンマーク

　ワイルドカードのクエスチョンマーク「?」は、どんな文字でもよいが1文字だけという指定になります。ワイルドカードにクエスチョンマークを使って「名字が山田」で「名前が1文字」の社員を抽出してみましょう。この場合、抽出条件は「山田??」になります。?が二つの理由は名字の後ろに空白が1文字あるためです。

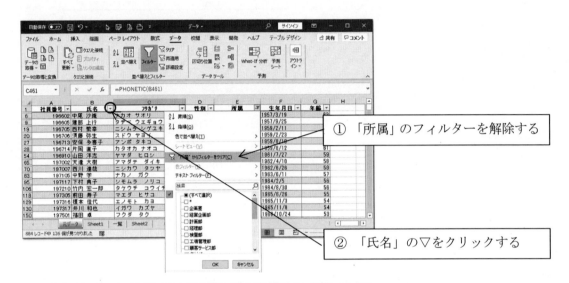

① 「所属」のフィルターを解除する

② 「氏名」の▽をクリックする

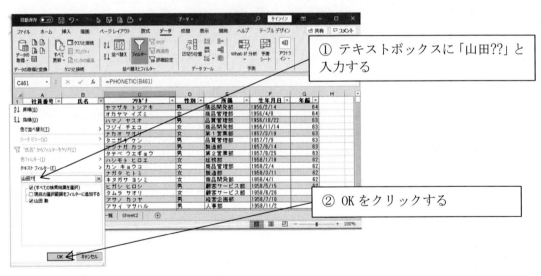

① テキストボックスに「山田??」と入力する

② OK をクリックする

名字が山田で名前が1文字の社員が
抽出された

チルダ

　ワイルドカードのチルダ「~」は、抽出条件に「*」や「?」そのものを指定したい時に使います。「*」を単純に指定するとワイルドカードの文字のため、全てが表示されてしまいます。そこで「*」の前に「~」を入力することで、ワイルドカードとしてでなく「*」を文字列として検索することができるようになります。チルダを使って所属が「*」のデータを抽出してみましょう。この場合、抽出条件は「~*」になります。

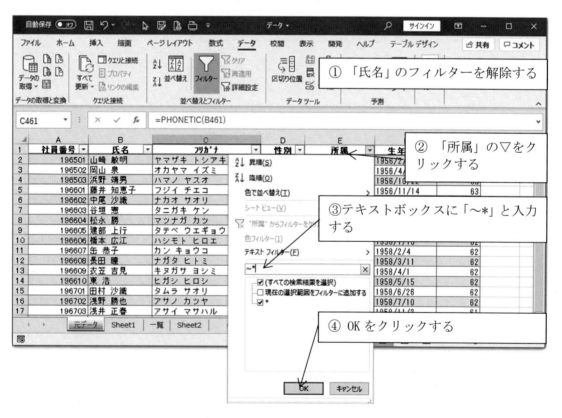

① 「氏名」のフィルターを解除する

② 「所属」の▽をクリックする

③テキストボックスに「~*」と入力する

④ OK をクリックする

所属が「*」の社員が抽出された

TRY!

抽出した所属が「*」のデータを一度の入力で「研修企画部」にしましょう。

	A	B	C	D	E	F	G
1	社員番号 ▼	氏名 ▼	フリガナ ▼	性別 ▼	所属 ▼	生年月日 ▼	年齢 ▼
142	200112	岩崎 智美	イワサキ トモミ	女	研修企画部	1991/4/15	29
143	200113	坂本 直子	サカモト ナオコ	女	研修企画部	1991/4/17	29
886							
887							

２．フィルターの詳細設定

　オートフィルターでは、「商品開発部の男性社員」と「総務部の女性社員」といったような複数条件の組み合わせで抽出することはできません。このような場合は「フィルターの詳細設定」を利用します。「フィルターの詳細設定」をするには、検索条件を入力するセル範囲を準備する必要があります。

（１）選択範囲内での抽出

検索条件範囲の準備

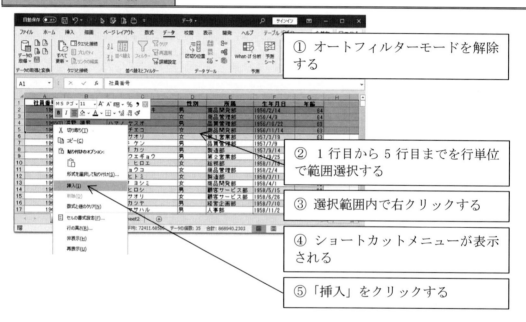

① オートフィルターモードを解除する

② １行目から５行目までを行単位で範囲選択する

③ 選択範囲内で右クリックする

④ ショートカットメニューが表示される

⑤ 「挿入」をクリックする

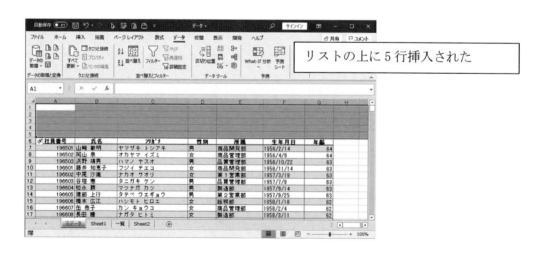

リストの上に５行挿入された

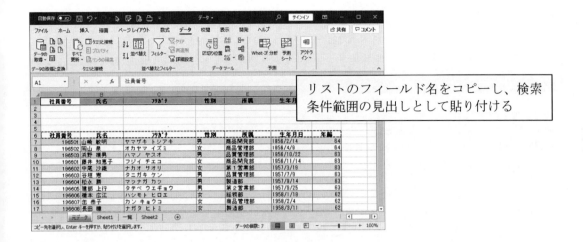

リストのフィールド名をコピーし、検索条件範囲の見出しとして貼り付ける

OnePoint

検索条件の見出し

検索条件範囲の見出しは、次の点に注意します。

・　リスト範囲の見出しで使われている項目名と同じ名前を使う。

・　どのような順番に並べてもよい。

・　必要な項目名のみでもよい。

・　同じ項目名を並べることもできる。

	A	B	C	D	E	F	G
1	社員番号	性別	氏名	所属	生年月日	年齢	フリガナ
2							

	A	B	C	D
1	社員番号	氏名	性別	
2				

	A	B	C	D
1	社員番号	氏名	性別	性別
2				

フィルターオプションの設定

今回は「商品開発部の男性」と「総務部の女性」を抽出してみましょう

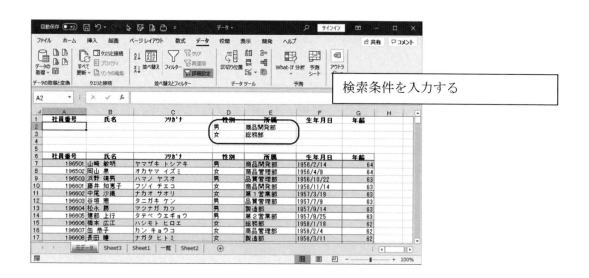

検索条件を入力する

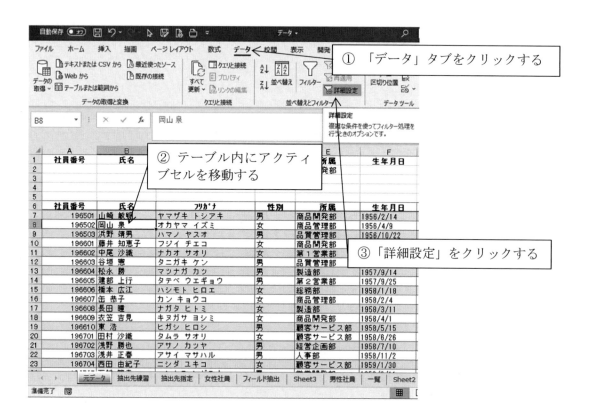

① 「データ」タブをクリックする

② テーブル内にアクティブセルを移動する

③「詳細設定」をクリックする

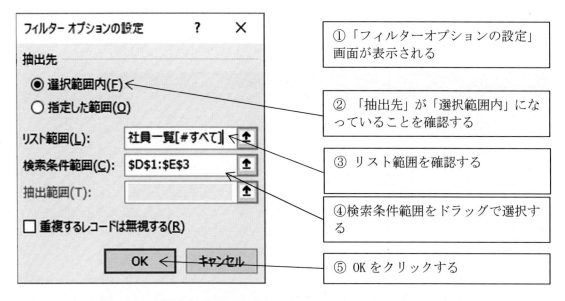

① 「フィルターオプションの設定」画面が表示される

② 「抽出先」が「選択範囲内」になっていることを確認する

③ リスト範囲を確認する

④検索条件範囲をドラッグで選択する

⑤ OK をクリックする

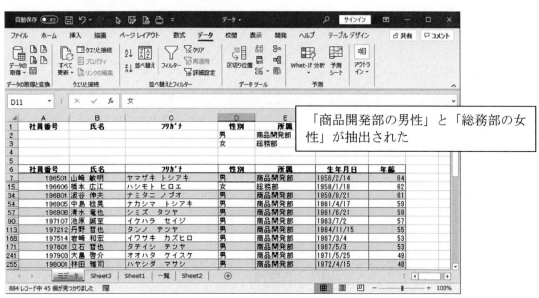

「商品開発部の男性」と「総務部の女性」が抽出された

OnePoint

検索条件

直接セル内に入力する。

AND 条件は、同じ行に記述する。

OR 条件は、別の行に記述する。

ワイルドカードや比較演算子の利用ができる。

検索条件範囲に空白行は含めない。

フィルターの解除

抽出先を選択範囲内にした場合は、オートフィルター同様の操作で解除できます。

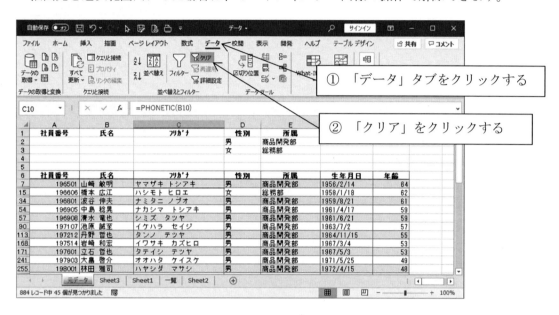

① 「データ」タブをクリックする

② 「クリア」をクリックする

① フィルターが解除された

② 抽出条件を削除する

TRY!

下記を実施してみましょう。

・「商品開発部」の「20歳以上」「40歳未満」のデータを抽出しましょう。

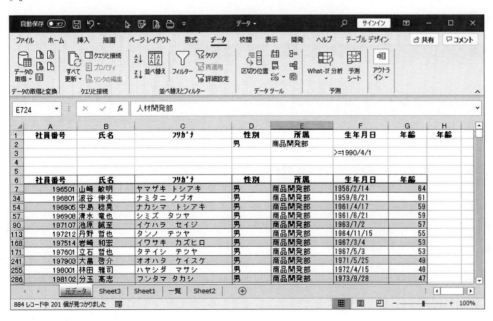

TRY!

下記を実施してみましょう。

① 抽出条件を削除しましょう。

② 「商品開発部」の「男性社員」もしくは「1990/4/1」以降に生まれた社員を抽出しましょう。

（2）抽出先の指定

シートの準備（シートのコピー）

元データのシートをコピーして抽出する準備をしましょう。

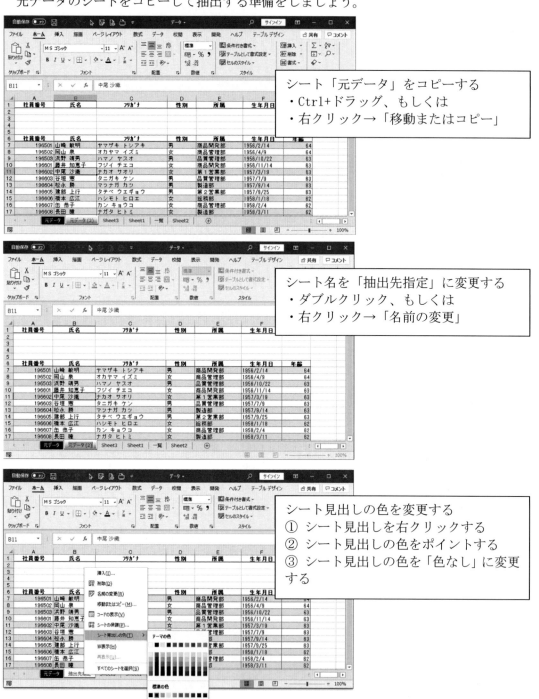

シート「元データ」をコピーする
・Ctrl+ドラッグ、もしくは
・右クリック→「移動またはコピー」

シート名を「抽出先指定」に変更する
・ダブルクリック、もしくは
・右クリック→「名前の変更」

シート見出しの色を変更する
① シート見出しを右クリックする
② シート見出しの色をポイントする
③ シート見出しの色を「色なし」に変更する

同一シートへの抽出

　抽出の詳細設定では、抽出結果を範囲内で折りたたんで表示する他、別の場所に表示することができます。今回は、25歳以下の社員をリストの横に表示してみましょう。

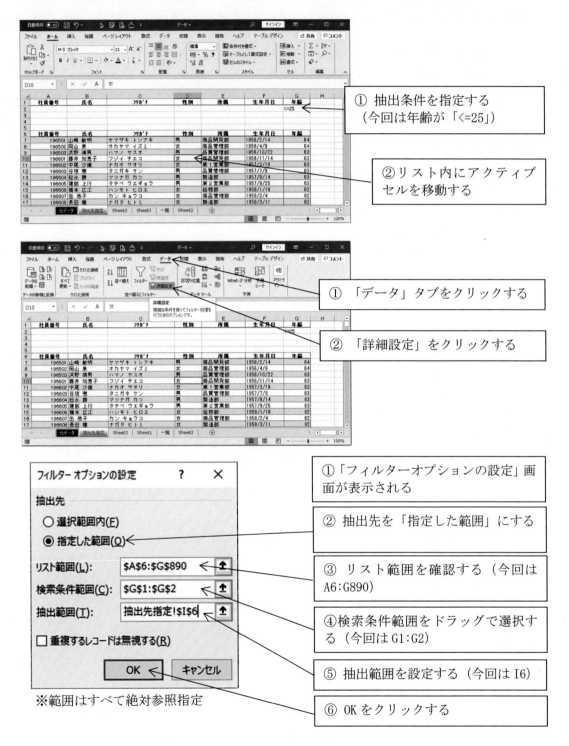

① 抽出条件を指定する
（今回は年齢が「<=25」）

②リスト内にアクティブ
　セルを移動する

① 「データ」タブをクリックする

② 「詳細設定」をクリックする

①「フィルターオプションの設定」画面が表示される

② 抽出先を「指定した範囲」にする

③ リスト範囲を確認する（今回はA6:G890）

④検索条件範囲をドラッグで選択する（今回はG1:G2）

⑤ 抽出範囲を設定する（今回はI6）

⑥ OKをクリックする

フィルターオプションの設定

抽出先

○ 選択範囲内(E)

◉ 指定した範囲(O)

リスト範囲(L):　$A$6:$G$890

検索条件範囲(C):　$G$1:$G$2

抽出範囲(T):　抽出先指定!$I$6

□ 重複するレコードは無視する(R)

OK　　キャンセル

※範囲はすべて絶対参照指定

C12　　=PHONETIC(B12)

	A	B	C	D	E	F	G	H	I	J	K
1	社員番号	氏名	フリガナ	性別	所属	生年月日	年齢				
2							<=25				
3											
4											
5											
6	社員番号	氏名	フリガナ	性別	所属	生年月日	年齢		社員番号	氏名	フリガ
7	196501	山崎 敏明	ヤマザキ トシアキ	男	商品開発部	1958/2/14	64		200524	岩瀬 和也	イワセ
8	196502	岡山 泉	オカヤマ イズミ	女	商品管理部	1958/4/9	64		200525	加茂 亮	カモ
9	196503	浜野 靖男	ハマノ ヤスオ	男	品質管理部	1958/10/22	63		200526	勇井 展代	ユウイ
10	196601	藤井 知恵子	フジイ チエコ	女	商品開発部	1958/11/14	63		200604	山本 真弓	ヤマモ
11	196602	中尾 沙織	ナカオ サオリ	女	第1営業部	1957/3/19	63		200605	河野 康子	コウノ
12	196603	谷垣 憲	タニガキ	男			63		200606	山崎 尚之	ヤマザ
13	196604	松永 勝	マツナガ				63		200607	原田 真二	ハラダ
14	196605	建部 上行	タテベ	男			63		200608	粟栖 智代	クリス
15	196606	橋本 広江	ハシモト ヒロエ	女	総務部	1958/7/18	62		200609	加藤 洋一	カトウ
16	196607	缶 恭子	カン キョウコ	女	商品管理部	1958/2/4	62		200610	岡田 登志子	オカダ
17	196608	長田 曈	ナガタ ヒトミ	女	製造部	1958/3/11	62		200611	奥村 章代	オクム
18	196609	衣笠 吉見	キヌガサ ヨシミ	女	商品開発部	1958/4/1	62		200612	金治 奈々	キンジ
19	196610	東 浩	ヒガシ ヒロシ	男	顧客サービス部	1958/5/15	62		200613	岡林 さおり	オカバ
20	196701	田村 沙織	タムラ サオリ	女	顧客サービス部	1958/8/26	62		200614	井波 麻衣子	イナミ
21	196702	浅野 勝也	アサノ カツヤ	男	経営企画部	1958/7/10	62		200615	由良 博	ユラ
22	196703	浅井 正春	アサイ マサハル	男	人事部	1958/11/2	61		200616	木村 貴美枝	キムラ
23	196704	西田 由紀子	ニシダ ユキコ	女	顧客サービス部	1959/1/30	61		200617	原山 留布	ハラヤ
24	196705	西村 繁幸	ニシムラ シゲユキ	男	営業開発部	1959/2/11	61		200618	八木 芳孝	ヤギ

指定した範囲に抽出された

TRY!

抽出してみましょう

① シート「元データ」をコピーします。

② シート名を「抽出先練習」、シートの色は「なし」にします。

③ 30歳より下の「人事部の男性社員」及び30歳より下の「商品開発部の女性社員」をセル「I6」を先頭に抽出しましょう。

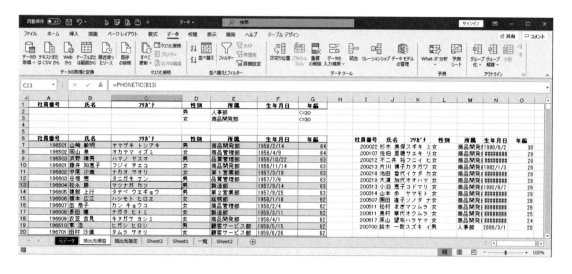

別シートへの抽出

別シートに抽出するには、抽出先のシートからフィルターの詳細設定を実行します。

今回は、セミナーデータにあらかじめ用意されていたシート「Shhet1」に男性社員を抽出してみましょう。

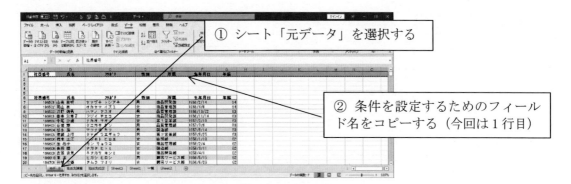

① シート「元データ」を選択する

② 条件を設定するためのフィールド名をコピーする（今回は1行目）

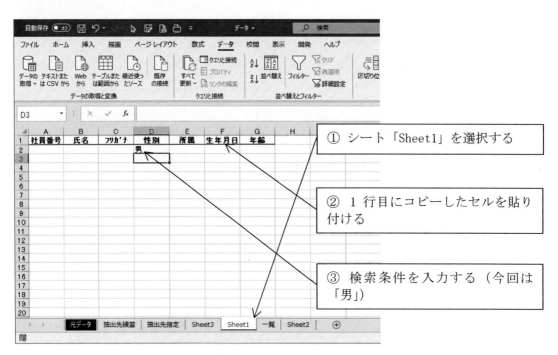

① シート「Sheet1」を選択する

② 1行目にコピーしたセルを貼り付ける

③ 検索条件を入力する（今回は「男」）

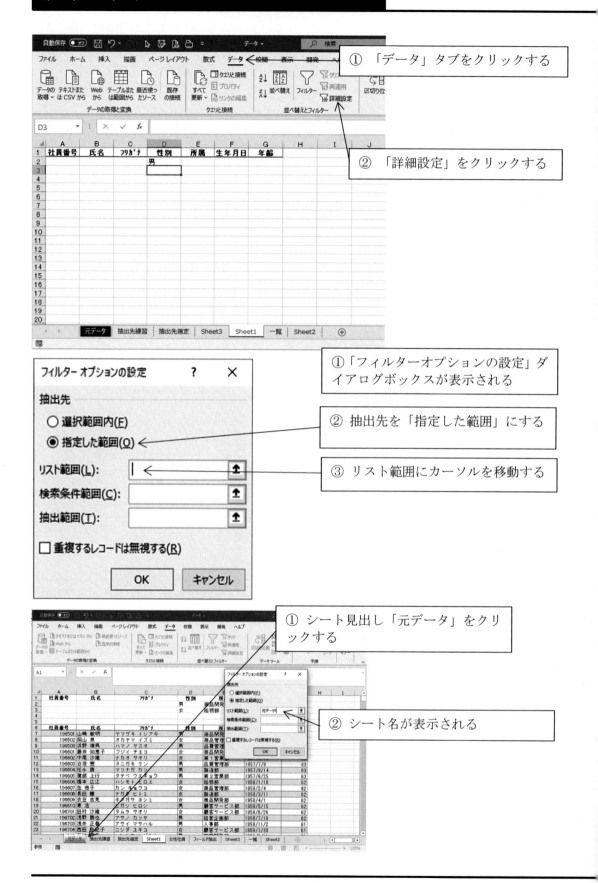

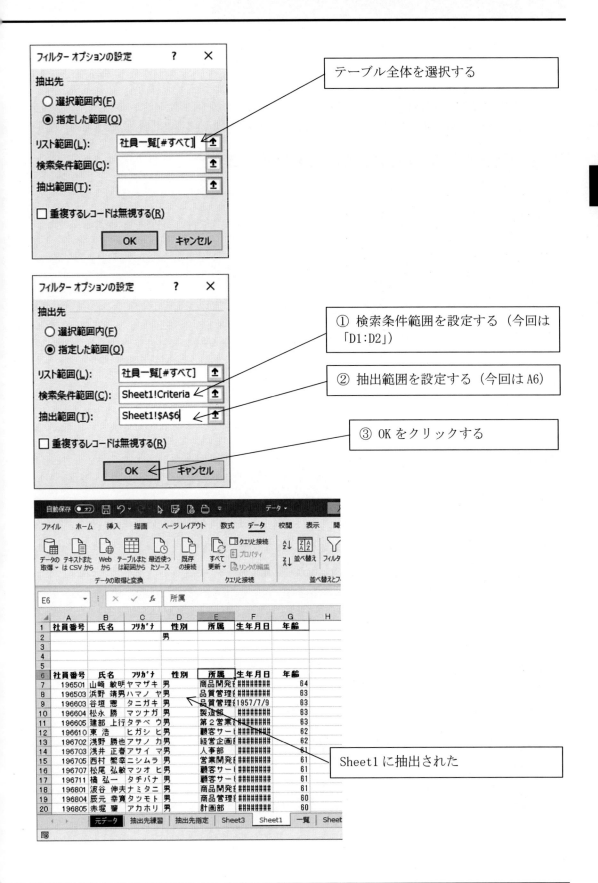

テーブル全体を選択する

① 検索条件範囲を設定する（今回は「D1:D2」）

② 抽出範囲を設定する（今回はA6）

③ OK をクリックする

Sheet1 に抽出された

TRY!

編集しましょう

① シート名を「男性社員」にしましょう。

② 列幅の調整、行の削除（1行目から5行目）、罫線の設定をしましょう。

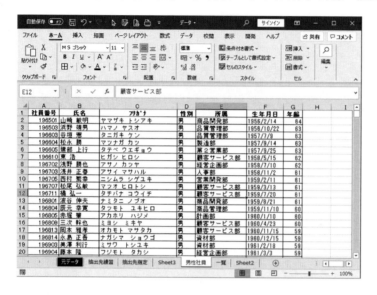

TRY!

抽出しましょう。

① 新しいシートを作り、シート名「女性社員」とした上で女性社員を抽出しましょう。抽出先はA6を先頭としてください。

② 1行目から5行目を削除し、列幅の調整、罫線を設定しましょう。

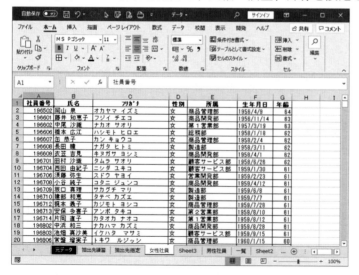

（3）フィールド単位の抽出

　必要なフィールドだけを抽出することもできます。その場合、まず、抽出先に必要フィールドだけを準備します。そして、「フィルターオプションの設定」ダイアログボックスの「抽出先」で「指定した範囲」を選択し、「抽出範囲」で準備したフィールド名のセル範囲を指定します。

　今回は 20 代の社員の「氏名」「所属」「年齢」を新しいシートに抽出してみましょう。

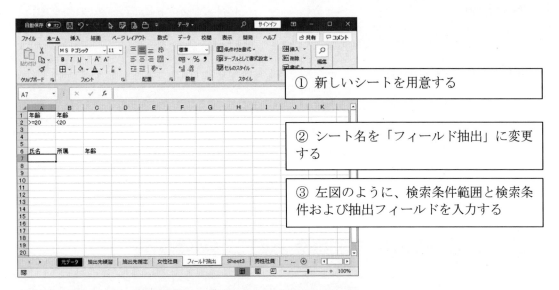

① 新しいシートを用意する

② シート名を「フィールド抽出」に変更する

③ 左図のように、検索条件範囲と検索条件および抽出フィールドを入力する

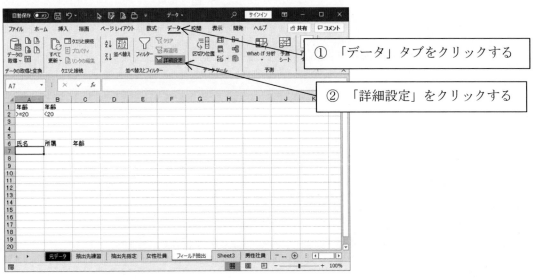

① 「データ」タブをクリックする

② 「詳細設定」をクリックする

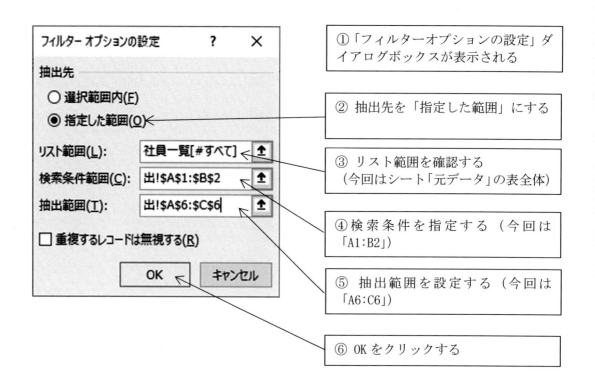

①「フィルターオプションの設定」ダイアログボックスが表示される

② 抽出先を「指定した範囲」にする

③ リスト範囲を確認する（今回はシート「元データ」の表全体）

④ 検索条件を指定する（今回は「A1:B2」）

⑤ 抽出範囲を設定する（今回は「A6:C6」）

⑥ OK をクリックする

フィールド単位で抽出された

第5章 並べ替え

1. 昇順／降順の並べ替え

　Excel では、リスト内のデータを昇順もしくは降順に並べ替えることができます。条件が単一な場合はボタンをクリックするだけで並べ替えが可能です。この場合には、並べ替えのキーとなるフィールドにアクティブセルを移動する必要があります。

　シート「元データ」を、フリガナで並べ替えしてみましょう。

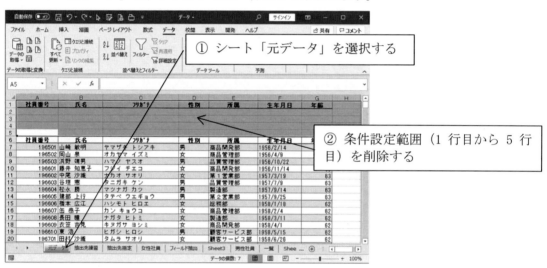

① シート「元データ」を選択する

② 条件設定範囲（1 行目から 5 行目）を削除する

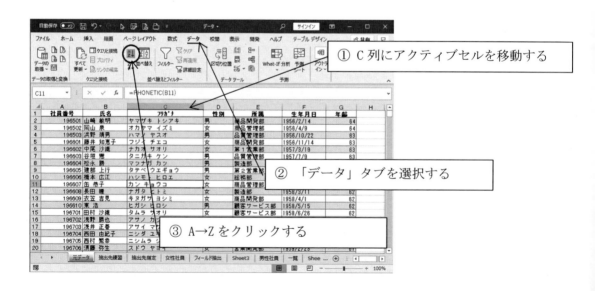

① C 列にアクティブセルを移動する

② 「データ」タブを選択する

③ A→Z をクリックする

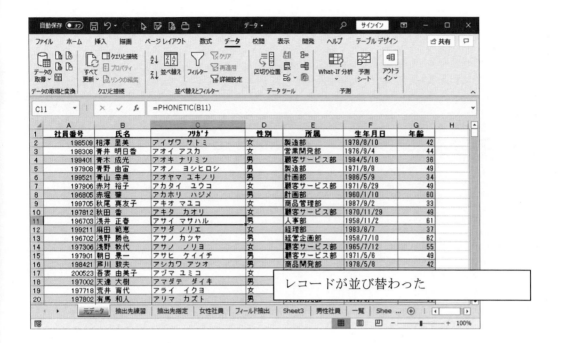

OnePoint

並べ替えの基準

データを並べ替えるには、その基準が必要です。

Excel では以下のような並べ替えの基準をもっています。

昇順の場合

数値			0→9
日付			日付の古い順
文字列	1	記号	文字コード順
	2	数字	0→9
	3	英字	A→Z（半角→全角）
	4	日本語	ひらがな（あ→ん）
	5		カタカナ（ア→ン）（全角→半角）
	6		漢字（基本はフリガナ順）※JIS コード順も可
	7		空白セル（降順でも最後）

OnePoint

並べ替えボタン

　テーブルタブには昇順並べ替え、降順並べ替えが用意されていますが、同じボタンがホームタブにもあります。

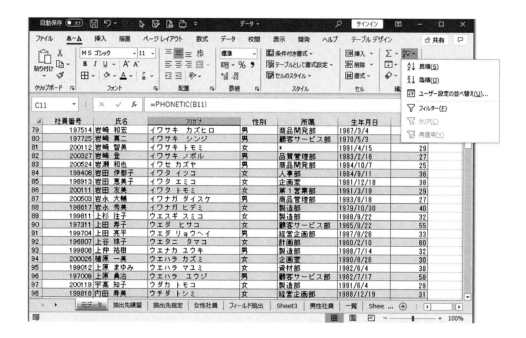

TRY!

他の基準で並べ替えをしてみましょう。

① 生年月日

② 所属

③ 社員番号

2．複数条件のソート

条件を複数設定して並べ替えることも可能です。今回は、「所属」フィールド「昇順」で並べ替えた後、「年齢」フィールド「降順」で並べ替えをしてみましょう。

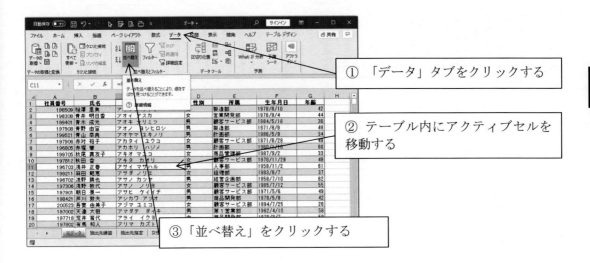

① 「データ」タブをクリックする

② テーブル内にアクティブセルを移動する

③ 「並べ替え」をクリックする

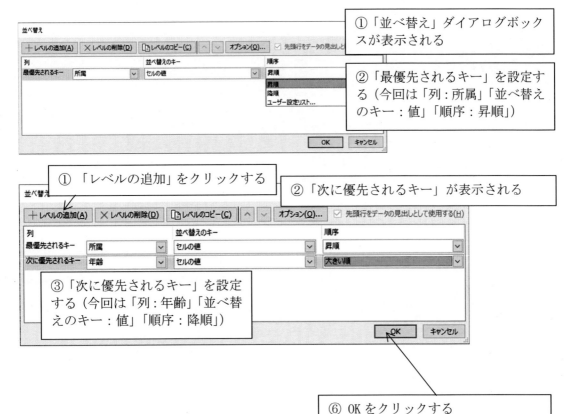

① 「並べ替え」ダイアログボックスが表示される

② 「最優先されるキー」を設定する（今回は「列：所属」「並べ替えのキー：値」「順序：昇順」）

① 「レベルの追加」をクリックする

② 「次に優先されるキー」が表示される

③ 「次に優先されるキー」を設定する（今回は「列：年齢」「並べ替えのキー：値」「順序：降順」）

⑥ OK をクリックする

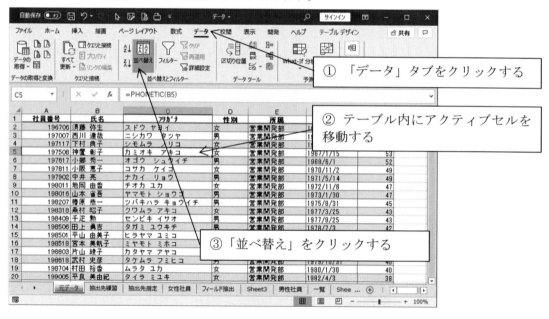

複数条件で並び替わった

レベルの削除

　複数条件を設定する際にレベルの追加を行いましたが、逆に、レベルの削除をすることも可能です。今回は、所属レベルを削除してみましょう。

① 「データ」タブをクリックする

② テーブル内にアクティブセルを移動する

③「並べ替え」をクリックする

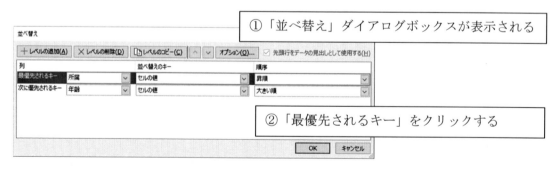

①「並べ替え」ダイアログボックスが表示される

②「最優先されるキー」をクリックする

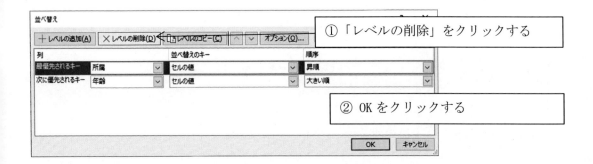

① 「レベルの削除」をクリックする

② OK をクリックする

並べ替えの優先順位を変更することもできます。

①変更したいキーを選択し
②「∧」「∨」でレベルを変更する

TRY!

性別（昇順）、所属（降順）、年齢（降順）で並べ替えをしてみましょう。

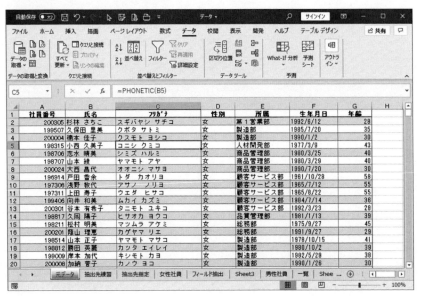

3．ユーザー設定リストでの並べ替え

　規則性のないデータでも、ユーザー設定リストを作成することでそのリストを基にデータを並べ替えることができます。

（1）ユーザー設定リストの作成
　シート「一覧」に作成してある所属のリスト順に並べられるようにユーザー設定リストを作成してみましょう。

シート「一覧」を選択し、リストを確認する

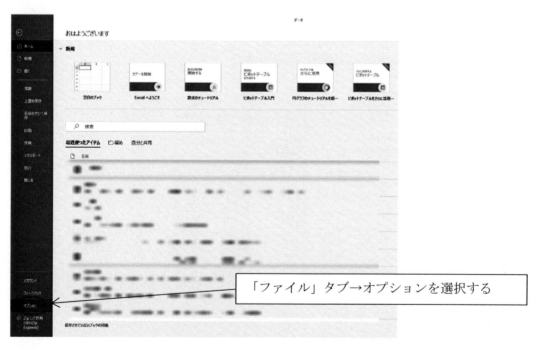

「ファイル」タブ→オプションを選択する

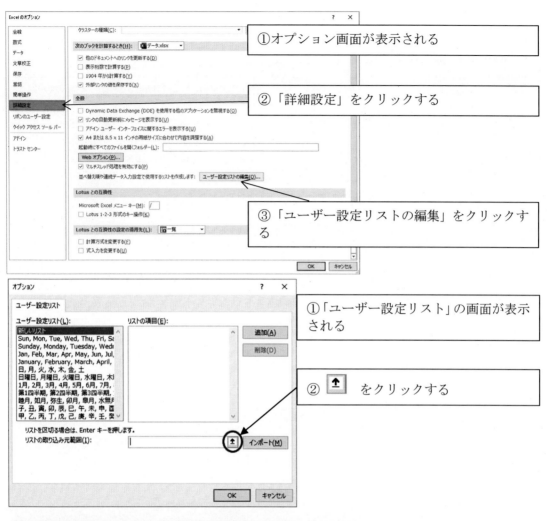

①オプション画面が表示される

②「詳細設定」をクリックする

③「ユーザー設定リストの編集」をクリックする

①「ユーザー設定リスト」の画面が表示される

② ⬆ をクリックする

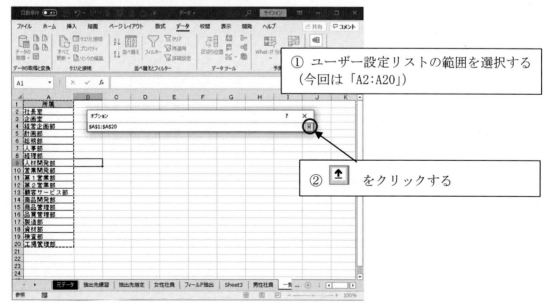

① ユーザー設定リストの範囲を選択する（今回は「A2：A20」）

② ⬆ をクリックする

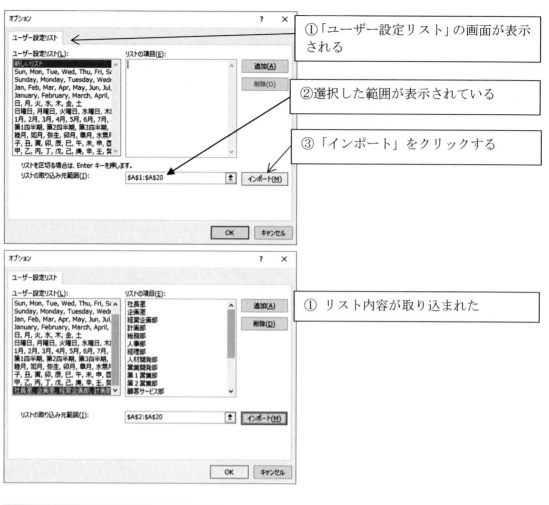

①「ユーザー設定リスト」の画面が表示される

②選択した範囲が表示されている

③「インポート」をクリックする

① リスト内容が取り込まれた

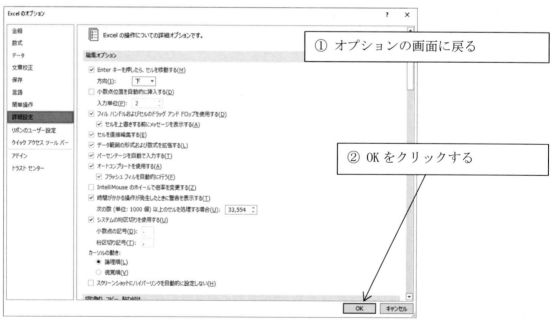

① オプションの画面に戻る

② OK をクリックする

（2）ユーザー設定リストでの並べ替え

ユーザー設定リストでの並べ替えをするために、前の並べ替え設定を削除しましょう。

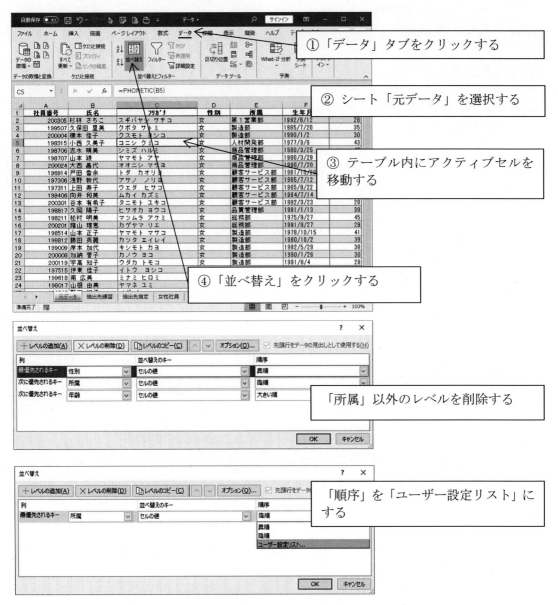

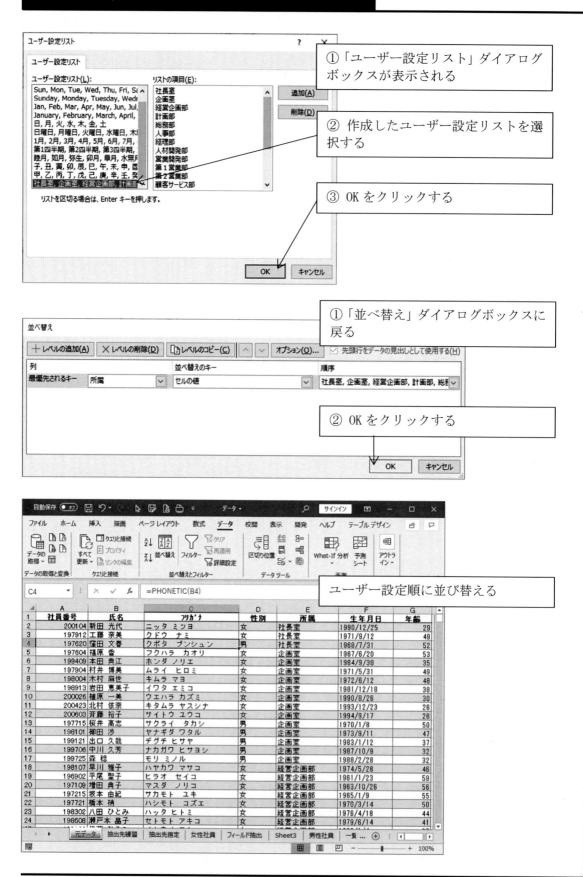

①「ユーザー設定リスト」ダイアログボックスが表示される

② 作成したユーザー設定リストを選択する

③ OK をクリックする

①「並べ替え」ダイアログボックスに戻る

② OK をクリックする

ユーザー設定順に並び替える

OnePoint

便利なショートカット(Excel 編)

Ctrl+Z	直前の動作のやり直し
Ctrl+S	保存
Ctrl+A	全選択
Ctrl+X	切り取り
Ctrl+C	コピー
Ctrl+V	貼り付け
Ctrl+G	ジャンプ
Ctrl+F	検索
Ctrl+H	置換
Ctrl+L	テーブル作成
Shift+F3	関数の挿入
Ctrl+Home	[A1]セルへ移動
Ctrl+PageUp	前のシートへ移動
Ctrl+PageDown	次のシートへ移動
Alt+Enter	セル内での改行
Alt 長押し	ショートカットキーの表示
Ctrl+D	上のセルのコピー
Ctrl+L	テーブルの作成
Ctrl+R	左隣のセルのコピー
F4	絶対参照/相対参照の切替
Win+D	デスクトップ表示
Win+Tab	作業ウィンドの切替

5

並べ替え

著者紹介

古川 直子（ふるかわ なおこ）

オフィスプライム 代表

愛知大学文学部文学科卒、中国文学専修。北京第二外語学院語学研修科修了。

HSK8 級所持、二十年以上の中国語と日本語、英語と日本語の通訳、翻訳歴あり。

一方、IT 技術者として新入社員教育と現場作業従事者の技能研修、安全教育に携わる。

近年は新入社員への語学教育や、中堅社員の英語でのプレゼンテーション指導、

また、外国人技能実習生への日本語教育にも積極的に力を入れている。

職業訓練法人Ｈ＆Ａ　顧客管理実習

2021年4月1日　　初 版 発 行
2023年4月1日　　第三刷発行

著 者　古川 直子

発行所　　職業訓練法人Ｈ＆Ａ
〒472-0023　愛知県知立市西町妻向14-1
TEL 0566(70)7766
FAX 0566(70)7765

発 売　　株式会社 三恵社
〒462-0056　愛知県名古屋市北区中丸町2-24-1
TEL 052(915)5211
FAX 052(915)5019
URL http://www.sankeisha.com

ISBN978-4-86693-418-1